INVENTAIRE
Yf 7.853

Y+
5977

5977

Ⓒ

BALLET DE MONSEIGNEVR LE DVC DE VANDOSME,

Dancé luy douziesme en la ville de Paris, dans la grande salle de la maison Royalle du Louure.

Puis en celle de l'Arsenac, le dix-sept, & dix-huictiesme iour de Iannier 1610.

A PARIS,

Chez IEAN DE HEVQVEVILLE, ruë S. Iacques, à l'enseigne de la Paix.

Auec Priuilege du Roy.

BALLET
DE MONSEIGNEVR
LE DVC DE VANDOSME.

ARGVMENT.

ALCINE Magicienne, esprise de la beauté de douze ieunes Cheualiers errans, ne les pouuant reduire à son amour, les enchante dans vn Palais, qu'elle rend inuisible au milieu d'vne grande forest; où reconnoissant par ses arts qu'ils doibuent estre deliurez par la seule veuë du plus grand Roy de la terre: furieuse & fulminante, menace ses Demons, en mesprisant sa science, & leur foible pouuoir.

A ij

DESCRIPTION DE LA GRANDE SALLE DV LOVVRE.

LA Salle contient en longueur six vingts cinq pieds, sur quarante cinq de large, & vingt-quatre d'exaulcement ou enuiron, ayant plusieurs grandes croisées de costé & d'autre, entre lesquelles sont des eschaffaux & galleries à trois estages, remplis de sieges par tout, fermées par embas de longues barrieres tout à l'entour. Au bout de ladite Salle est vn Theatre esleué de trois marches, pour le Roy: plusieurs chandeliers dorez, faicts en forme d'estoilles, sont suspendus au plancher, sur lesquels on met force flambeaux: au dessus dudit Theatre il y en a deux plus grands que tous les autres; celuy de la main droicte represente vn Soleil doré d'or moulu sur les poinctes & rayons, duquel on met force flambeaux de cire iaulne; celuy de la main gauche est fait comme vn grand croissant bien argenté, remply par tout de flambeaux de cire blanche. Au milieu dudit Theatre où sied le Roy, est esleué vn grand Detz de velours rouge cramoisi, en broderie d'or &

d'argent, tout chamarré de grand clinquãs d'or, & bordé tout à l'entour de grandes crespines, & franges d'or, d'argẽt, & de soye rouge.

DESCRIPTION DE LA FOREST, ET BOIS ENCHANTÉ.

A L'entrée de la grande Salle se voyoit la forest fort touffuë, pour la quantité de chesnes, d'ormes, de haitres, d'aliziers, & autres arbres & buissons fort hauts, ayant trois grandes issuës par le deuant. Au milieu de ladite forest estoit assis le Palais enchanté, fait en forme d'Amphitheatre, orné de plusieurs Portiques, Colomnes, Niches, & figures antiques. Le haut entouré de balustres dorées, deuant lequel vne Piramide estoit esleuée, portant vne certaine prophetie, le tout caché d'vn grãd rideau, & la forest aussi, contenant enuiron la sixiesme partie de ladite Salle, dont toutes les galeries & eschaffaux susdits, estoient parez de longs tapis de Turquie, de Perse, de la Chine, & autres excellens, où seoient partie des assistãs. Le Roy assis sur son siege Royal, & magnifique au dessoubs dudit Detz, la Royne, & la

A iij

Royne Marguerite auprés de sa Majesté, Monseigneur le Daulphin à ses pieds, & de costé & d'autre tous les Princes & Princesses du Sang, autres Princes & Princesses du Royaulme, officiers de la Couronne, Ducs, Marquis, Contes, Barons, Seigneurs, Gentils hõmes, Dames, & Damoiselles de la Cour, chacũ assis selon son rãg & qualité. Les Capitaines des gardes du corps derriere sadite Majesté: les Archers plus derriere, ayãt leurs armes: les Exempts auec les maistres des ceremonies, dans la Salle pres les barrieres, pour empescher qu'il n'y eust ny desordre, ny confusion. Le tout estant en grand silence: alors le rideau qui couuroit la forest tomboit en terre, & ladite forest se voyoit appertement.

PREMIERE ET PLAISANTE
ENTREE.

LE magnific Messire Gobbemague, grãd confallottier de l'Isle des singes, que la Magicienne Alcine auoit faict venir en ce lieu, par le moyen de ses arts, entroit vestu d'vne grande cappe à manche, façon de Bearn, auec le capuchon derriere, faicte de satin iaulne, chamarrée en escharpe de plusieurs clinquans d'argent, vn bouillon d'or entredeux, toute doublée de toile d'argēt: Ceint d'vn grand bas de saye de mesme estoffe, couleur & enrichissement, lequel luy tomboit iusques sur les tallons, ayant sur sa teste vn grand chappeau poinctu, fait en forme de Piramide de quatre couleurs: la blanche estoit de toile d'argent, la rouge estoit de satin, la verte estoit de damas, & la iaulne estoit de velours à fond d'or: La cheuelure longue, le visage contrefait, la barbe espaisse & large, qui luy tomboit sur la ceinture, portant vn grand fallot en sa main, lequel faisoit son entrée, marchant d'vn pas magestueux, tournant la face de tout costé, suiuy de trois esclaues Turcs, vestus de robes de damas iaulne, ceints de ceintures de fillette d'argēt, chacun sur la teste vn gros turban, fait de gazes d'or entrelassez, portāt des brodequins de satin rouge, bordez de gallon d'or: Leurs masques bazanez auoiēt le sourcil gros, & la moustache releuée: lesquels Esclaues sonnoient chacun la partie d'vn dessus de violō, faisant l'air du premier baller, & dançans aussi en sonnant, suiuoiēt ledit Messire Gobbemague, qui les menoit plaisamment iusques au milieu de ladicte salle, & les faisoit placer sur la main droitte pres la barriere, où passant parmy eux, en vn moment il se transformoit en vn ieune More, vestu d'vne camizolle de damas bleud, chamarrée de passement d'or en travers, portant des cullottes à la vieille hauloize de toille d'argent, le haut decoupé par grandes ballafres, bordées de gallon d'or, & boufantes de Brocatel d'or & de soye iaulne: les canons iustes, chamarrez comme la camizolle, ceingt pardessus d'vne ceinture blanche, où pendoit vne fauconniere de toille d'argent & incarnat façonné, pleine de cõfitures & dragées. Il auoit en l'vne des gembes vn bas de soye rouge, lié d'vne gerretiere de taffetas vert à longues franges d'or, à l'autre vn bas de soye vert, lié d'vne gerretiere de taffetas rouge à dentelles de fil d'argẽt: vn bonnet d'escarlatte sur la teste, chamarré de clinquãt d'or: & dessus vn lõg panache de plumes de coq iaulnes & noires: le masque noir, dont le sourcil & les moustaches estoient argentez. Lequel More au son desdits viollons, ayant fait quelque tour de souplesse, vne baguette dorée en la main, s'ẽ alloit vers ladite forest faire entrer deux pages porte-flambeaux, vestus en Magots vers, d'habits tout d'vne venuë, & fort iustes, faits de peluche de soye verte : la cheuelure de la teste, du corps, & des espaules, faictes de longues franges de soye floche, verte aussi : ceints d'vne ceinture de toque d'argent, la boucle derriere, le cul peint sur satin incarnat blaffard, bien contrefaict, & le masque approchant du naturel. Lesquels porte-flambeaux au seul signe de la baguette que leur faisoit ledit More, alloient saultans à petits bons apres luy, iusques au milieu de ladite salle, où faisans quelque saults en auant l'vn apres l'autre, ils se separoient, & de l'vn & de l'autre costé, saultans & grimassans, tant qu'ils fussent aupres dudit theatre: puis s'asseans sur le cul, ledit More leur dōnoit des confitures & dragées qu'ils mangeoient : lequel les laissant lors, & s'en retournant à capriolle vers ladite forest, en faisoit sortir trois autres violons esclaues, tous trois de front, vestus comme les premiers, dançans, & sonnans la partie de la haute contre dudit Ballet, lesquels venoiēt ioindre leurs compagnons au milieu de ladite salle: & en ce mesme ordre ledit More faisoit entrer de ceste façon iusques à quinze violons, trois à trois, dançans & sonnans en entrant, les vns le dessus, les autres la haulte contre, comme i'ay dit, & les autres la

B

taille, le quintapars, & la bassecontre. Et les dix Magots verts porte-flambeaux entroiét semblablement deux à deux: puis estans tous entrez & rāgez (ainsi que les premiers) les quinze violons tous de front le long de la barriere, commençoient à sonner ensemble le ballet des Magots verts, lequel ils dançoient en dix façons, tousiours en cadance, auec saults, gambades, gestes & grimasses differentes. Ledit More estant au milieu d'eux, leur faisant signe de ce qu'ils deuoiét faire, & en ceste façon, il les faisoit retirer apres luy file à file vers ladite forest, tantost saultant sur vn pied, tantost sur vn autre, tantost sur les deux ensemble: Ainsi retirez, tous les violons montoient sur leur eschaffaux, pour sonner tous les balets qui se debuoient dancer.

ENTREE D'ALCINE.

ALCINE en mesme instant entroit de la forest dans la salle, richement vestuë d'vne robbe de drap d'or frizé & bleu, dont les bords estoient enrichis par tout d'vne broderie d'estoilles d'or, au milieu de chacune desquelles y auoit enchassé vne grosse perle. Les manches estoient découpées par longues bandes, reprises de petits boutons esmaillez d'azur: au trauers desdites decoupeures sortoit la chemise par gros bouillons tous parsemez de plusieurs diuerses fleurettes nuées de toutes couleurs: Les lamequins qui tomboient du tour de la ceinture en bas, estoient de lame d'argent battu, ondé & frizé, sur lesquels on voyoit force chatons de pierreries bien adiancez, auec des campanes d'or sur chacune poincte d'iceux: La mante qui couuroit ses espaulles estoit d'vn gaze d'or & incarnat fort delié, reprise par le deuant, & liée d'vn lacs d'amour sur l'espaulle gauche: sa riche coiffure faite & ployée en arcade sur arcade, globe sur globe & cheuron sur cheuron, sur vn fond de satin bleu en broderie, releuée d'estoillettes d'or, toutes les arcades couuertes de perles rondes, de gros rubis, & de belles emeraudes, si bien mises en œuure, & si artistement, que la manefacture en surpassoit la matiere: sur le hault de ladite coiffure estoit vn gaze double & delié, pendant sur le derriere, qui paroissoit de la mesme couleur qu'Iris se monstre au Ciel, entre la pluye & le beau temps. La fraize à douze lez, faite de la plus fine dentelle qui se fist oncques en l'Isle de Ca-

B ij

rie, & les manchettes semblablement. Elle sonnoit d'vn Luth en entrât, suiuie d'vne de ses Nimphes, qui luy portoit la queuë de sa robe, & de dix autres apres separées en deux rangs, ioüant de plusieurs instrumens, & dançans d'vn pas graue & doux, toutes lesquelles estoient vestuës d'vne mesme façon: leurs robbes faictes de toille d'argēt à manches pendantes: le corps brodé en demy cheurōs, entrelassez de canetille d'or, repris de frizon, & les demy cheurons remplis de fleurettes entrelassées: le bas & tour desdites robbes aussi brodé iusques au milieu, sur lequel tomboient les poinctes des Lamequins faits de plusieurs roulleaux, attachez l'vn à l'autre, d'vne estoffe brillante d'argēt & incarnat, de la nouuelle fabrique, enfermez de chainettes d'argent, & par le milieu vne chaine de perles rondes, au bout de laquelle estoit vne campane d'or, chacune vne fraize de point couppé, les manchettes de mesme. Leurs mantes faites de gaze incarnat & argent, leur couuroit partie du dos reprises en escharpe par le costé, & noüées sur l'espaulle gauche. Leurs coiffures faictes à roulleaux d'or & d'argent, entrelassez de nœuds gordiens en poincte, auec vn cercle au dessus de pierreries, que lesdites poinctes souſtenoiēt en façon de couronne, enrichy tout autour de rozettes de diamans, de fleurettes dopalles, & de petites eſtoilles de rubis, miſes entre deux rangs d'emeraüldes, taillées en petits fueillages, au milieu duquel cercle eſtoit eſleuée vne triple fleur de Lys, de belles iacintes ſur vn fond d'azur. Leurs brodequins de ſatin incarnadin à piece emportée, & repriſe d'vn frizon d'or, doublez de toillette d'argent, chacune vn maſque découpé. Ainſi donc habillées, Alcine marchoit la premiere, conduiſant cette agreable ſuitte iuſques auprés du Theatre, où eſtoit ſa Majeſté, deuant laquelle elle recitoit ſeule en chantant les vers qui s'enſuiuent, & le chœur de ſes Nimphes reprenoit en ſonnant & chantant le dernier vers de chacun couplet.

VERS D'ALCINE.

Rien ne s'oppoſe à mes lois,
Ie ſuis l'effroy de ces bois,
Alcine au monde cogneuë,
Qui vois marchant ſur l'onde & ſur la nuë.
   Ie ſuis par tout où ie veux,
Du Ciel i'arrache les feux,
Aux Enfers & ſur la Terre,
Ma voix eſt crainte autant que le Tonnerre.
   Par mes Démons familiers,

J'ay changé des Chevaliers,
Qui superbes en leurs armes,
N'adoroient point, ny mes yeux, ny mes charmes.
   Mes yeux ne peurent forcer
Leur trop fidelle penser,
Mais mon sçauoir qui me vange,
Couure leurs corps d'vne figure estrange.
   Estant ainsi transformez,
Ils ne seront point aymez,
Et ceste seule vengeance,
A mon dépit peut donner allegeance.

Ayant acheué de chanter les vers susdits, elle s'en retournoit auec ses Nimphes, tousiours dançant, faisant vne tres-belle & asseurée retraicte, tant qu'elle paruenoit aupres de ladite forest, où toutes s'arrestoient. Puis Alcine recommençoit à chanter ce dernier couplet, comme les precedens.

   Sortez Cheualiers sortez,
Tesmoignez à ces beautez,
Que ma science profonde
Peult tout changer, & faire vn autre monde.

Lors elle rentroit auec sadite suitte dans ladite forest, d'où elle faisoit sortir les crotesques cy apres descrites.

ENTRÉE DE QVATRE
CROTESQVES.

DEvx grosses tours mouuantes, & marchant, suiuies de deux grandes Damoiselles seantes, estoient faites de clisse fort legere, chacune desdites tours de sept à huit pieds de haut, rondes & canelées par la cime, couuertes de toillette d'argent sur toille blanche, passementées d'or en long & en trauers, selon la forme & façon des tours basties de cartiers: ceintes par le milieu d'vne ceinture, où pendoit du costé gauche vn grãd coutelats doré, la couuerture desquelles estoit d'estoffe bigarrée de la Chine: sur la cime se voyoit deux testes d'hommes cõtrefaites au lieu de deux giroüettes, auec de grandes fraizes de toque d'argent: des coiffures faictes de cartõ couuert de toille d'argent & incarnat, garnies de plusieurs rozettes d'argent battu, en façon de rouleaux, garnis de bouillons d'or & bouquets de toute sorte, esleuées par arcades iusques au haut, où quantité d'aigrettes par petits panaches se voyoiẽt attachez, lesdites tours entroient de front dans la salle, marchãt d'vn pas gay, tournant & retournant la teste de tout costé en dançant: En apres les suyuoiẽt les deux grandes Damoiselles en crotesque faites d'ozier delié, ayant de fort amples verdugades. Les meins assemblées par le deuãt, toute deux vestuës de robbes de toillette d'or & incarnat, enrichies de bouillons d'argent, posez en cheurons pres à pres sur le corps & sur les manches. Le deuant, & le tour de ladite robbe bordé de mesmes: elles auoient les cheueux blonds, le visage ieune & beau, sur lequel tomboient negligemment leursdits cheueux, auec vne grande fraize de tocque d'argent, les manchettes plissees, & des gans aux mains: bien coiffées d'vne coiffure fort releuée par demyarcade, & fort enrichie de petits bouquets, le fond d'or & d'argent bruny, garny de fleurons, rozettes, & roulleaux entrelassez, faits de cartisane d'or & d'argent battu, appliqué sur soye d'organcin, tant plain que vuide: vn grand voille double, de gaze d'argent & incarnat, pendoit par le derriere, lesquelles crotesques s'auançants ioyeusement, tournant les testes tantost deça, tantost delà, s'en alloient ioindre les deux tours, puis faisant quelque pas ensemble, puis separémét auec geste & mesure se retiroient apres toutes quatre tousiours dançans, droit vers la forest, au deuát de laquelle s'estans arrestées, elles s'ouuroient d'elles-mesmes, & envoyoit on sortir quatre ieunes Nimphes Naiades, vestuës de petits corcets de toille d'argent & incarnat, leurs cottes de semblable estoffe, sur lesquelles pendoient de longues fueil-

fueilles fort estroittes, comme fueilles de rozeaux, faites de cartisane platte, couuerte de soye verte d'organcin, auec de petite canetille d'argent, le long desdictes feuilles, & des iongs entredeux, faits de cartizane ronde, couuerte aussi de soye verte d'organcin, mais vn peu plus obscure, entremesleé d'argent battu: & sur lesdictes cottes à l'endroit de la ceinture, pendoient (au lieu de lamequins tout à l'entour) de pareilles fueilles & iongs: leurs coiffures, dõt les cheueux dorez tomboient sur leurs visages & sur leurs espaulles, estoient selon la forme de la teste simplement couuertes, & garnies de mesme fueilles & iongs, leurs brodequins de satin vert de mer, brodez de soye & d'argent, en façon de fueilles de cresson, se tenant l'vne à l'autre, rehaussées d'vn frizon d'or battu, & double canetille d'argẽt: chacune tenoit en la main droitte vn grand esuantail pour contenance, faict de fort belles & riches plumes & bien colorées, auec vn miroir au milieu de cristal de roche garny d'or, d'email & de pierreries. Lesquelles faisoient leur entrée l'vne apres l'autre, tournant d'vn pas prompt d'vne tres-grande vistesse & disposition: puis ayant faict ensemble plusieurs iolies figures, elles s'en retournoient toutes

C

dançant dans ladite foreſt, où deux magots auoient portez leurs crotesques ſuſdites auparauant.

AVTRE ENTREE DE DEVX pots de fleurs, & deux Hiboux en crotesques.

DEvx grands pots de fleurs de ſix ou ſept pieds de haulteur faicts de cliſſe, dont les emboucheures, corps & pieds ſe monſtroient bien arondis leſdits corps, faits en oualles, auec deux ances chacun, des deux coſtez, leſquels eſtoient couuers de toillette d'argent ſur boucaſſin blanc : les enboucheures & les pieds, bordez de quatre clinquans d'or l'vn pres de l'autre: deſdits pots ſortoiét pluſieurs bouquets grands & petits, de toute ſorte de fleurs, tirées apres le naturel, faictes de ſoye, d'or & d'argent. Leſquels pots, marchans & mouuans, commençoiét leur entrée de front, d'vn pas graue & doux, faiſant chacun vn tour en entrant, & le redefaiſant enſemble à la cadance, deux grands Hyboux de pareille haulteur, fort bien contrefaits, & imiter en toute choſe, ſuiuoient leſdits pots de fleurs, ayans cha-

cun la teſte, la face, le corps & les iambes,
couuerts de menuës plumes, grandes & petites, cimantées dextrement & artiſtement
ſur gros carton: la teſte, les yeux, le bec, les
oreilles, les pieds, les iambes, & les griffes,
faits auſſi de carton couuert de ſatin, peint
apres le naturel de la couleur des vrays Hi-
boux: leſquels marchans à pas lent, faiſant
ſemblant de ſauter, ſe regardoient l'vn l'autre à la cadance. Lors s'eſtans ioincts aux
deux pots de fleurs ſuſdits, bien que d'vn pas
differend ſoubs vn meſme air, ils ne laiſſoiét
pas de s'accorder à leurs figures, qu'ils fai-
ſoiét durer aſſez long temps, auec pluſieurs
geſtes & grimaces bien plaiſantes à voir,
puis ſe retiroient tout doucement deuant
ladite foreſt, où s'entr'ouurans, comme les
autres precedentes croteſques, en ſortoient
quatre Nimphes richement veſtuës d'e-
ſtoffes fort brillantes, fort legeres, & fort
enrichies de broderie, de fueilles, & de fleurs
d'or & d'argent, ſur le corps, & ſur les manches de leurs robbes. Les Lamequins qui
leur tomboient de la ceinture en bas, eſtoiét
tous couuerts de fleurons iuſques au bout,
& ſur la poincte de chacun d'iceux, pendoiét
trois clochettes, ſemblables à celles qui
croiſſent parmy les hayes & buiſſons. Leurs

C ij

coiffures fort releuées & assemblées tout du long par demy globes, & demie arcades d'or, d'argent & de soye, posez sur vn fond de toilette d'argent & vert, lequel fond estoit réply de petits bouquets de fleurettes d'or & de soye, faits sur du satin de plusieurs couleurs, s'estrecissant en amont par carreaux & bastons rompus, iusques au haut desdites coiffures, couuertes de panaches d'aigrettes longs & courts, repris sur tous les bouts des carreaux & bastons rompus, leurs cheueux Chastain cler, leurs fraizes, & leurs manchettes plissées à dantelles, les brodequins de satin blāc, façonné de flammettes & fleurons vers, lesquelles separément commençoient à dancer d'vn pas gay, prompt & releué: puis toutes ensemble, tenant chacune vn dard en la main droitte, dont le fer estoit doré, & duquel elles faisoient semblant de vouloir frapper à chacune cadance, & se retiroient apres auoir fait quelques petites figures, toutes dispostement & à capriolles dans la forest.

ENTREE DE DEVX GRANDES violles, & deux Molins à vent en crotesque.

DEvx grandes violles qui mouuoient & marchoient, faites de cartuche double, couuertes par dessus de satin iaulne doré, ayant chacune leur Roze, cheuallet, & cillet, montez de cordes, le manche & la teste garnis de touches & de cheuilles, & sur la cime vne teste ressemblant à celle d'vn petit hommet, portant vne petite fraize de gaze d'argent, vne petite barbe, & vn petit chappeau de brocatel gris passementé d'or, dont le cordon estoit en broderie d'or, d'argent, & de petites perles: aux deux costez desdites violles passoient deux bras & deux mains, la droite tenoit vn grand archet, & la gaulche vn morceau de Colafane: sur le dos desdites violles estoient deux fueilles d'argent, reglées de lignes noires, sur lesquelles y auoit des nottes d'or en musique, representant le chant qu'elles faisoient semblant de sonner les vnes apres les autres, en se tournant le dos pour cet effect. Toute deux entroient d'vn pas glissant, viste, & fort plaisant, suiuies de deux moulins à vent, lesquels faisoiēt

virer leurs aifles en entrant de front : ils
eſtoient faits de menuë cliſſe en forme carrée, couuerte ſur toille griſe de toillette
d'argent & grix, enrichie ſur les iointures de
pluſieurs petits clinquans, auec porte, feneſtres & lucarnes, tout entouré de pluſieurs vents figurez, des grandes aifles mouuoient & tournoient à temps: La couuerture de l'eſtoffe de la Chine, bigarrée à carreaux, ſur la cime de laquelle il y auoit vne
teſte de meuſnier enfariné, mouuante auſſi,
ayant le bonnet rouge, & deſſus vne plume
de coq. Leſdits moulins ſe venoient (dançât
& virant les aifles) entremefler auec leſdites violles d'vn pas à part ſoubs vn meſme
air, & ſoubs meſme cadance : & ayant faict
enſemble aucunes iolies figures s'en retournoient vers ladite foreſt touſiours dançans,
grimaçans, & virans les aifles d'vne fort bõne grace: puis s'entr'ouurans d'eux meſmes,
en ſortoient quatre Nimphes driades, veſtuës chacune d'vne robbe de brocatel à ramage d'argent & vert. Les manches brodées de ſoye verte, or & argent de pluſieurs
fueilles de diuers arbres, tout le bas & deuât
de leurdite robbe, brodé de meſme. Les lamequins pendans au deſſoubs des genoux,
repreſentoient chacun vne branche, ou de

chefne, ou de peuplier, ou de faulne, ou de fourteau, ou de charme, ou chatagnier, ou d'ormeau, ou de tramble, l'vne contre l'autre: & au bout de chacun lamequin, au lieu de campane, pendoit vn petit bouquet du fruict de chaque arbre, ou de la fleur. Leurs brodequins d'vn satin vert naissant, brodez de fueillages d'argét, repris de frizons d'or. Leur coiffures en demie arcades, cheurons entiers, & roulleaux doubles, tous enrichis de plusieurs especes de fruicts sauuages, pédans ausdites arcades, cheurós & roulleaux, comme noizilles, meures, chataignes hérissées, merizes noires, guines vertes, cerises rouges, prunes iaulnes, amâdes, fraizes, cormes, prunelles, petites poires & pommes sauuages: au haut de ladite coiffure, où les demie arcades, cheurons entiers, & roulleaux doubles aboutissoient, il y auoit plusieurs panaches de diuerses fleurs, & sur la crette vne grosse masse d'aigrettes. Chacune desdites driades tenoit vn arc & vne fleche, faisant semblant de decocher à la fin de chacune cadáce de l'air qu'on leur sonnoit. Ayant fait forces figures differentes, tousiours dançant d'vne bône grace, elles se retiroient toute quatre dans la forest, où s'estoient retirées les huict Nimphes prece-

dentes pour dancer leur ballet, comme vous
verrez enſuiuant.

BALLET DES DOVZE NIM-
PHES TRANSFORMEES.

LEs quatre premiers Naiades entroiét en
lozange, les Nimphes Floreiennes entroiét en carré, & les quatre autres de front, faiſant vne tres-belle entrée, & ſe venoient ioindre, puis s'entrelaſſoient en dançant, tátoſt par haut, tantoſt par terre, d'vn pas ores leger, ores graue, qui duroit aſſez longuement, portant chacune, ou ſon eſuentail, ou ſon dard, ou ſon arc & ſa fleſche: ſe trouuoient toutes en rond, d'où elles commençoient leur ballet, changeant d'air, de pas, & de cadance, & formoient ceſte premiere figure, A: puis la marquoient durant vne cadance, moitié en auant, moitié en arriere, & de ceſte premiere ils entroient en ceſte ſeconde, L: La marquant comme la precedente, & puis venoient en ceſte troiſieſme, C, & de ceſte troiſieſme tomboient en ceſte quatrieſme, I: puis formoient ceſte cinquieſme N: & de ceſte cinquieſme venoient à ceſte derniere E. Leſquelles ſix fi-

gures faisoient le nom d'Alcine. Alors elles commençoient vne tres-belle chaine, d'vn autre air, pas & mesure, qui les reconduisoit toutes dans ladite forest.

BALLET DES HVICT NAINS D'ALCINE.

LEs douze Nimphes susdites estant ainsi disparuës, l'on voyoit sortir de la forest vn petit Nain, portant sur son costé vne petite massuë, & vn petit bouclier attaché, vestu d'vn pourpoinct, chausses, & bas de soye incarnadin, & par le dessus vne petite cazaque sans manche, qui ne passoit pas les genouils, faite de satin, attaché par bandes en montans, de la largeur de quatre doigts chacune bande, l'vne incarnate, & l'autre bleuë, auec vn clinquant d'argent sur les coustures d'icelles: toutes lesdites bandes estoient decoupées à piece emportée par compartimens à iour, repris de petits cordonnets d'or, & doublées de toillette d'argent fort brillante. Le chapeau qu'il portoit faict de mesme estoffe, couleur & enrichissement, par bandes aussi. Il auoit les bords coupez & retroussez sur les

D

deux costez, enrichy tout à l'entour de plusieurs petites rozes, de roulleaux & bouquets, plumes d'or, d'argent, & de soye, remplis de papillottes. Sur le hault vn long panache d'aigrettes, ayant vne grande fraize, & les manchettes plissées, vn masque ridicule. Ledit Nain entroit seul dans la Salle, tout racourcy, & comme assis sur les tallons, dançant les deux mains, tantost sur les costez, tantost sur les genouils, marchant d'vn pas large, & s'arrestant à la cadance, auec vn demy sault rond, la teste vers la forest, & le redefaisant la teste vers le theatre, continuant iusques enuiron le milieu de la salle en ces mesmes pas, saults & gestes durant trois ou quatre cadances. Et puis vn sien compagnon vestu comme luy, entroit de mesme, & le venoit ioindre à la queuë, dançant comme auoit fait le premier: puis deux autres Nains ensemble entroient semblablement, & les autres deux à deux se trouuans à la premiere figure bien placez au deuāt du teatre, où ils en faisoiēt force autres, tousiours par bas & fort racourcis, tant que les viollons changeoient d'air, & lors lesdits huict Nains se haulsans tous à la fois, en faisant vne capriolle, dançoient ceste seconde partie du Ballet par hault d'vne disposition

merueilleuse. Ils estoiét tous petits & choi-
sis pour les plus dispos hommes de la Cour,
& faisoient (presque tousiours à saults, capriolles & entrichats) les figures bien mar-
quées de ceste seconde partie du Ballet susdit, tant qu'en changeant & d'air, & de pas,
& tous ensemble tirans de leur costez, & la
petite masse, & le petit bouclier qui y pendoient, bien peint & doré. Ils commençoiét
à se chamailler tousiours dançans les vns les
autres, tantost vn à vn, deux à deux, trois à
trois, quatre à quatre, puis tous ensemble al-
ternatiuement, auec tant de grace & asseu-
rance, que c'estoit vn estonnement que de
les voir, ores s'auançans, ores se recullans,
puis se choquans des boucliers, puis se frap-
pans & refrappans des masses sur la teste, sur
les bras & sur le corps, parás dudit bouclier,
& les coups des gerrets de ladite masse, sans
perdre iamais la cadáce, ny faillir à faire vne
capriolle en la marquant; & faisoient en
ceste façon plusieurs belles & diuerses figures. Enfin ils se retiroient deux à deux en
chamaillant & capriollant tousiours iusques à ce qu'ils fussent tous rentrez dans la
forest : ledit Ballet n'auoit oncques esté
mieux inuenté qu'ils fust lors dancé.

D ij

RETOUR D'ALCINE FURIEU-SE, AVEC SES NIMPHES.

Alcine & sa suitte retournoient marchant d'vn nouueau pas, d'vne autre façon, vestuës d'autres habits & d'autres couleurs: laquelle tenoit vne petite baguette d'or en sa main, & ses Nimphes portoient des instrumens differens aux premiers, ayāt toutes eu le loisir de rechanger, elles entroient dans la salle, regardant deça & delà, auec gestes furieux, & menaçans d'vne façon altiere, d'vn regard trenchant: & Alcine auec des gestes fort estranges marchoit impatiente, ores deuant, tantost au milieu, puis derriere, sans ordre & sans mesure: toutesfois les gestes & de la teste, & de la baguette s'accordoient à la cadance desdits instrumens: Ainsi elles arriuoient toutes deuant le Theatre, où cessans de sonner, Alcine recitoit (en chantant & sonnant d'vne Pandore, que luy presentoit l'vne de sesdites Nimphes) les vers qui s'ensuiuent.

Noires fureurs, ombres sans corps,
L'effroy des viuans & des morts:
Trompeuse bande, que i'appelle
Impuissante, ou bien infidelle.

Allez démons, foibles esprits,
Ie vous quitte, & tiens à mespris.
Ainsi tous mes efforts derniers,
Pour arrester ces prisonniers,
Dont i'auois changé le visage,
En vain seront mis en vsage?
   Allez démons, &c.

La presence de ce grand Roy,
Et tant de beautez que ie voy
En charmes diuins & fertilles,
Ont rendu les miens inutilles.
   Allez démons, &c.

I'auray donc au fond de ces bois
Si souuent au son de ma vois,
Rendu la nature esbahye,
Pour me voir à la fin trahye?
   Allez démons, &c.

I'ayme bien mieux dans les Enfers,
Entre les flammes, & les fers,
Me voir sans mourir embrasée,
Que viure, & me voir mesprisée.
   Allez démons, &c.

Les douze Nimphes sonnant & chantant toutes ensemble ce refrain à la fin de chacun couplet, se retiroient en apres vers ladite forest, comme tristes & esperduës, où estant rentrées auec Alcine, alors elles &

ladite forest disparoissoient, & se voyoit en mesme instant le Palais enchanté, au deuãt duquel estoit la Piramide cy-deuant dicte, enrichie de plusieurs trophées d'armes & d'amours, dorez & diaprez, dans le soubassement de laquelle on pouuoit voir escrit en lettre d'or fort lisable ceste prophetie.

Le fameux Lyon seulement,
Defera cest enchantement.

Derriere ladite Piramide, à la face dudit Theatre, se voyoient arangez tout debout deuant les niches & colomnes dudit Palais sur vn long siege, les douze Cheualiers immobiles, comme statuës: lesquels retournoient en leur sens aussi tost que le Roy iettoit la veuë sur eux, & saultoient en place s'auançans. Lors disparoissoit le Palais, & s'entendoient les voix des Nimphes d'Alcine, qui s'accordans auec leurs instrumens chantoient en s'esloignãt ces derniers vers à deux chœurs, dont le refrain se reprenoit toutes ensemble.

Où sont noz Palais dorez?
Sont-ils des flammes deuorez?
O bois, ô lieu si doux,
Pourquoy vous perdons-nous?
Beaux lieux par nous habitez,
Et par nous maintenant quittez.

O bois, &c.
Las d'vn eternel Printemps,
Vous rendiez nos esprits contans.
O bois, &c.
Vous qui des plaisirs d'amour
Estiez l'agreable seiour.
O bois, ô lieu si doux,
Pourquoy vous perdons-nous?

Durant ceste musique, les douze cheualiers marchoient tous d'vn pas graue droict vers sa Majesté, luy rendant grace de leur totalle deliurance: puis au son des viollons qui lors commençoient à sonner le grand Ballet, ils s'assembloient pour en commencer l'entrée.

GRAND BALLET DE DOVZE Cheualiers desenchantez, dont les noms s'ensuiuent.

MONSEIGNEVR le Duc de Vandosme chef.
Monsieur le Duc de Rethz.
Monsieur le Conte de Cramail.
Monsieur le Baron de Termes.
Monsieur le General des Galleres.

Monsieur le Comte de la Roche-guyon.
Monsieur de la Chataigneraye.
Monsieur de Chezy.
Monsieur de Vinsy.
Monsieur de Iouy.
Monsieur le Baron de saincte Suzanne.
Monsieur de la Ferté.

ILs estoient tous vestus d'vne mesme façon, leurs pourpoincts de lame d'argent, les manches estroittes, toutes chamarrées de petits brasselets en broderie subtille de petites perles & de plusieurs couleurs choisies de soyes plattes, nuées auec or & argent, battu & bruny, representant vn amas de fueilles, fleurs & fruicts. Les bandes de leurs chausses faictes de mesme, enfermées de deux petits rangs de perles rondelettes, doublées de drap d'argent frizé, & le corps dedans fait de drap d'or frizé à bouquets de soye & d'argent façonnez sur l'estoffe, le bas de soye incarnadin attaché: leurs brodequins estoient de brocatel incarnat brodez à moitié de soye, & d'or meslé, & le haut reply de petits boutons d'or, & de pierreries: Leurs casaques en broderie fort releuée d'or & d'argent sur vn fond de lamette incarnat & argent fort brillante. Ladite bro-

derie representoit toutes sortes de fleurs,
renfermées de frizons d'or & d'argent plat,
les vnes grandes, les autres petites apres le
naturel. Les grandes estoient par tout esté-
duës auec leur tige, & les petites semées
parmy, le tout comparty fort mignonne-
mét:& sur les pands de leursdites cazaques
de petits lamequins, faits en onde, pendoiér
tout à l'entour, lesquels estoient d'vn satin
incarnadin en broderie de perles: au bout
de chacun estoit attaché vne estoille d'or au
lieu de campane:leurs riches coiffures faites
à demy globes & demy arcades, l'vn d'or
bruny, l'autre d'argent battu, entremeslez
de roulleaux & fleurons sur les bors: le fond
estoit de satin incarnadin, tout remply de
fleurettes en compartiment d'or & de soye :
les demy globes, demie arcades, roulleaux &
fleurons parsemez de bouquets, de plusieurs
pierreries bien mises en œuure. Il y auoit
trois cercles l'vn sur l'autre, sans le tour du
fond & celuy de la cime, où aboutissoient
tous lesdits demy globes, demy arcades, rouleaux & fleurons: Le premier cercle enrichy
de forces soucis, faits de iacintes acerties sur
l'or: Le secód cercle fait de diuerses pensées
nuées de plusieurs couleurs, tant de diamás,
de rubis, saphirs, émeraudes, opalles, & au-

E

tres pierres fines, que de diuers émaux, selon le naturel desdites pensées : Le troisiesme cercle, remply de petites rozes de diamans brillans, & de plusieurs perles rondes. Le fōd couuert de petites enseignes de pierreries & d'or, & la cime de plumaches de toute façon, & de longues & petites aigrettes, au haut desquels il y en auoit vn d'excessiue grosseur & haulteur. Les fraizes qu'ils portoient faites de fine dentelle fort grande, & les manches plissées semblablement : Ils tenoient chacun vn mouchoir de poind coupé d'or & d'argent dans la main : les masques dorez & decouppez à piece emportée par compartiment, tous lesquels ainsi parez faisoiēt vne entrée superbe, auec plusieurs entrelassemens, tant qu'ils se venoient ranger en haye, six d'vn costé & six de l'autre. Alors les viollons sonnoient la premiere partie de leur Ballet : & lesdits Cheuallíers changeant de pas & de mesure, alloient former leur premiere figure, laquelle suiuant l'Alphabet des anciés Druides (trouué depuis quelques années dans vn vieil monument) representoit vn caractere d'iceluy Alphabet poincté du nombre de douze, signifiant

AMOVR PVISSANT.

De ceste premiere figure ils en formoiết vne seconde, representant aussi vn autre caractere dudit Alphabet, poincté de mesme nombre, lequel signifioit,

AMBITIEVX DESIR.

Et apres ceste seconde, ils en faisoient vne troisiesme d'vn autre caractere, signifiant

VERTVEVX DESSEIN.

Et puis ceste quatriesme qui signifioit,

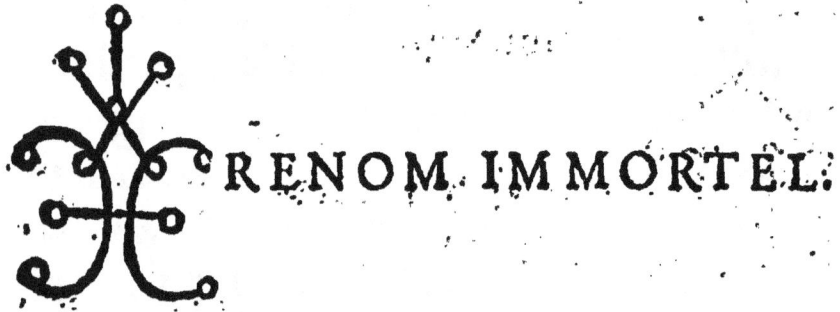
RENOM IMMORTEL.

Les susdites figures se moquoient chacune d'vne cadance entiere, tournant ou retournant en leur mesme place: puis apres ces quatre, les viollons sonnoient la seconde partie du ballet, & les cheualliers d'vn

E ij

autre pas plus gay & plus releué presque du tout à capriolles, ils rentroient d'vn bel ordre en la cinquiesme figure, representant aussi vn caractere, pointé du nombre susdit, signifiant

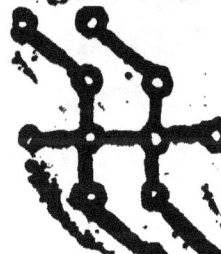

GRANDEVR DE COVRAGE.

Et de la cinquiesme à ceste sixiesme, qui signifioit

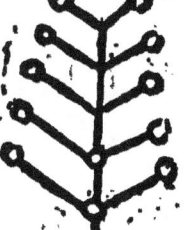

PEINE AGREABLE.

Puis la septiesme signifiant,

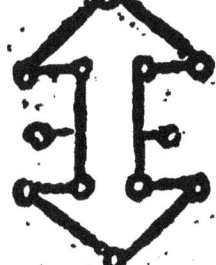

CONSTANCE ESPROVVEE.

Et la huitiesme signifioit

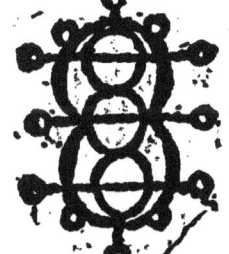

VERITE' COGNEVE.

Apres ces huict figures bien formées & bien distinctemēt roprefentées. Les susdits viollons sonnoient d'vn nouuel air la troisiesme & derniere partie dudit Ballet. Et les douze Cheualliers changeans aussi d'vn nouueau pas, venoient differemment à former la neufuiéme figure, representant vn caractere dudit Alphabet, lequel signifioit

 HEVREVX DESTIN.

Puis tomboient tousiours dançans en ceste dixiesme, dont le caractere signifioit

 AIMÉ DE TOVS.

En apres ils venoient marquer ceste vnziesme, signifiant

 COVRONNE DE GLOIRE.

Et puis auec vne grauité superbe, ils formoient ceste derniere figure, marque du

plus parfaict caractere qui fust audit Alphabet, qui signifioit

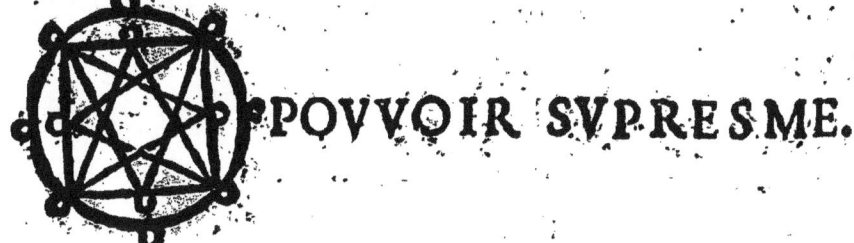 POVVOIR SVPRESME.

A la fin de laquelle ils se trouuoient au plus proche du theatre, où ils se reposoient iusques à ce que le Roy commandoit qu'õ dançast des branles: & les violons commençans à en sonner, lesdits Cheualiers alloiét chacun prendre pour dancer auec eux telle Dame de la Cour qui leur plaisoit: & ayant cõmencé la dãce, plusieurs autres seigneurs & Gentils-hõmes qualifiez des plus dispots, prenoiét aussi d'autres Dames à leur fantaizie, & se mesloiét auec lesdits Cheualiers & seigneurs susdits audit bal, où toute sorte de dance fust dancée en apres, tant en general qu'en particulier, iusques à tant qu'il pleust à sa Majesté de se retirer.

FIN.

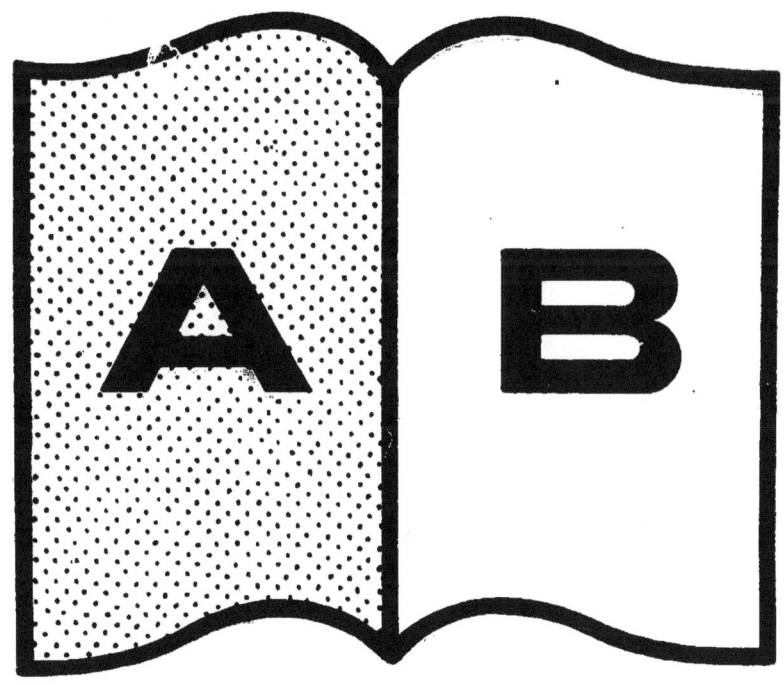

Contraste insuffisant

NF Z 43-120-14

www.ingramcontent.com/pod-product-compliance
Lightning Source LLC
Chambersburg PA
CBHW060509050426
42451CB00009B/889